Paris
1815

Ganilh, Charles

Considérations générales sur la situation financière de la France en 1816

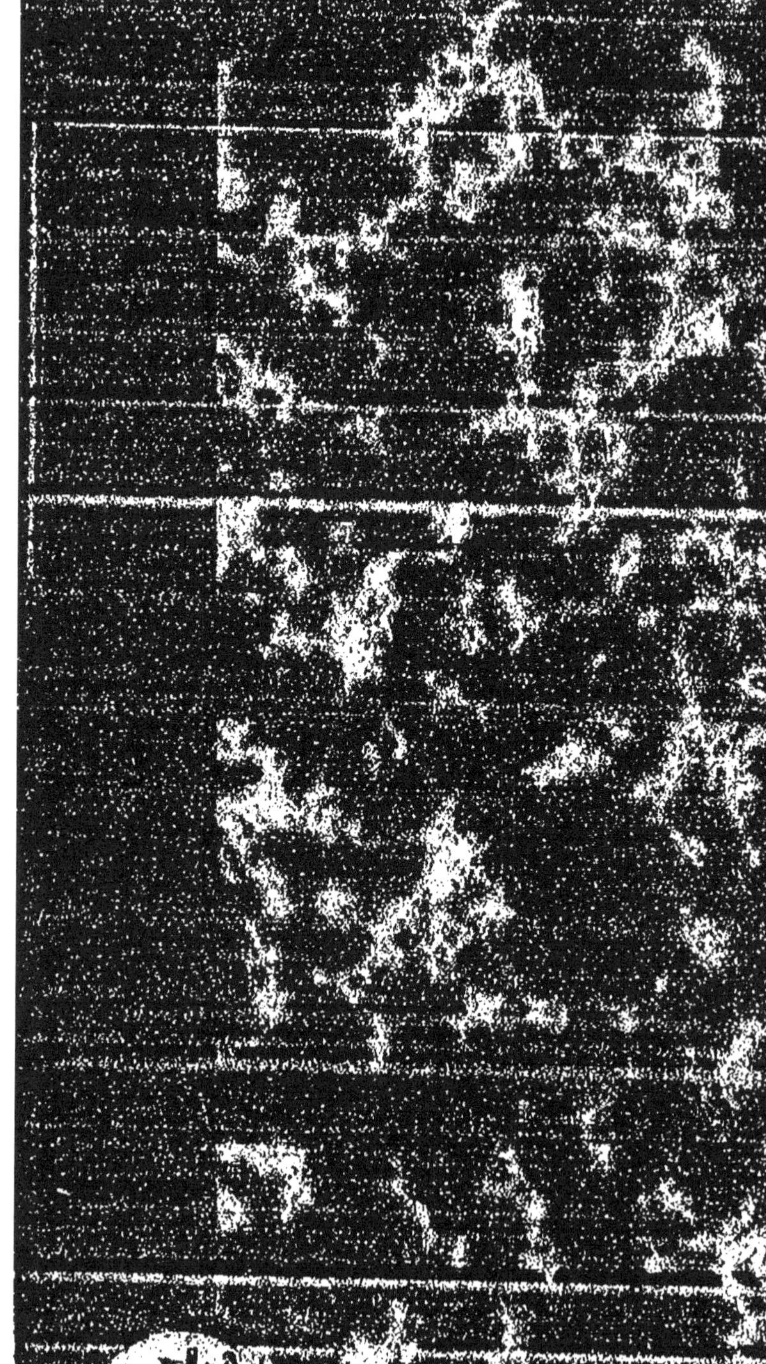

CONSIDÉRATIONS GÉNÉRALES

SUR LA

SITUATION FINANCIÈRE

DE LA FRANCE,

EN 1816.

PAR M. CH. GANILH,

DÉPUTÉ DU DÉPARTEMENT DU CANTAL.

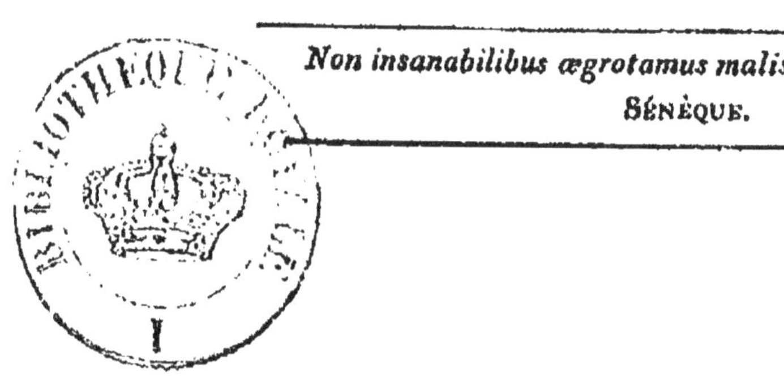

Non insanabilibus ægrotamus malis.
SÉNÈQUE.

A PARIS,

Chez **DETERVILLE**, rue Hautefeuille, N°. 8.

DE L'IMPRIMERIE DE A. BELIN.

1815.

CONSIDÉRATIONS

GÉNÉRALES

SUR LA SITUATION FINANCIÈRE

DE LA FRANCE,

EN 1816.

Tous les esprits s'inquiètent, s'alarment sur la situation de nos finances. Chacun s'effraie de l'étendue de nos besoins, de la difficulté d'en supporter le poids, du danger d'en être écrasé. L'intérêt est général, parce qu'il est commun, et l'esprit public naît du sentiment de nos malheurs. Déjà même ils nous ont inspiré la sagesse. Vainement on nous offre de toutes parts d'infaillibles spécifiques, le temps des illusions est passé, et l'expérience repousse de funestes présents.

Mais si nous sommes en garde contre la témérité des vaines présomptions, où trouverons-nous les lumières et la sagesse qui doivent nous guider et nous rassurer? Le budjet répondra-t-il à notre attente? On le désire plus qu'on n'ose l'espérer. Quoi qu'il arrive, la patrie devra de la reconnaissance au Ministre courageux qui ose affronter tant d'écueils, et sans doute elle lui dira ce que Louis XIV disait à Desmarets, dans des circonstances non moins difficiles et non moins calamiteuses que celles qui nous affligent : *Si vous réussissez, vous me rendrez un grand service et je vous en saurai gré ; si les événements sont malheureux, je ne vous les imputerai pas.*

Je dois cependant faire observer que la situation de la France n'est pas sans exemple parmi les peuples modernes. L'Amérique, l'Autriche, la Prusse, tous les Etats secondaires de l'Europe ont éprouvé le même sort que nous éprouvons ; ils ont aussi été en proie aux dévastations de la guerre et assujétis à d'énormes tributs envers l'étranger. Ces peuples n'ont pas cependant succombé sous les coups de la fortune, et ils ont su trouver des forces et des ressources pour reconquérir leur indépendance, leur puissance et leur gloire.

L'Angleterre elle-même a versé sur le continent pour les frais de la guerre des tributs que n'aurait pas osé lui imposer le vainqueur le plus implacable, et elle ne paraît pas avoir souffert dans sa prospérité. A la vérité ce peuple, grâces à son commerce, est placé dans une sphère à part; son industrie met à contribution les richesses du monde entier, et sa fortune n'aura point de bornes, jusqu'à ce qu'un acte de navigation générale ait prescrit à ses mille et mille vaisseaux les conditions qu'elle impose depuis si long-temps à la navigation des autres peuples maritimes. Époque encore bien reculée, si l'on en juge par les événemens dont nous venons d'être les témoins.

Laissant donc à l'écart l'Angleterre, qui sous le rapport de la richesse ne ressemble à aucun autre peuple, la France a sur le reste de l'Europe des avantages qui doivent la tranquilliser sur son état actuel, qui lui promettent encore de glorieuses destinées, et qui lui donnent l'assurance qu'elle ne descendra point du rang glorieux qu'elle occupe depuis si long-tems dans le monde politique. Sa gloire est intacte, sa prospérité renaitra, et si les autres peuples n'ont pas succombé sous des fardeaux non moins pesants que ceux qui lui sont imposés, elle ne saurait en être accablée. L'on peut s'en reposer avec confiance sur l'inépuisable richesse de son sol, sur l'étendue de ses capitaux de tout genre, sur l'état prospère de ses manufactures, le génie de ses négociants, l'activité de ses classes laborieuses, et par-dessus tout sur sa réintégration dans ses colonies, cet héritage précieux sur lequel elle doit toujours porter ses regards comme le peuple hébreu sur la terre promise.

Qu'elle ne s'effraie pas des obstacles qui semblent lui en interdire l'accès; la légitimité, désormais la règle et la mesure de tous les droits, de toutes les possessions, de toutes les dominations, autorise ses espérances et lui en garantit le succès. Elle trouvera dans les autres peuples la même justice qu'ils lui ont imposée; ils respecteront ses droits comme ils lui ont appris à respecter ceux qu'elle avait violés.

L'Europe ne perdra pas de vue que les trésors que la France veut et doit reconquérir dans la réintégration de ses colonies sont perdus pour le commerce du monde, et ne peuvent lui être rendus que par les soins, l'industrie et les travaux des colons français. Les produits de leurs sueurs ne seront pas même le partage exclusif de la France. Tous les peuples y trouveront de nouveaux moyens d'échange, l'aliment d'un plus grand travail, un emploi de capitaux plus abondant et plus profitable, et une source féconde de nouveaux bénéfices. L'accroissement de la richesse générale est un bienfait pour tous les peuples. Tous y prennent une part proportionnelle aux progrès de leur industrie, et le nombre des concurrents, loin de diminuer leur lot individuel, l'augmente encore de toute l'étendue de la concurrence. L'Europe, le monde commerçant ne peuvent donc qu'applaudir aux efforts de la France pour recouvrer ses colonies, et surtout celle de Saint-Domingue, si long-tems la source de sa prospérité et de sa richesse, et le fondement de sa puissance.

Ai-je besoin d'ajouter que si cette colonie échappait au peuple français, il lui serait peut-être impossible de tenir les engagements qu'il a contractés envers l'Europe entière : et qui peut prévoir les événements qui résulteraient du concours de toutes les puissances de l'Europe pour contraindre la France à l'exécution de ses engagements, et la résistance de vingt-cinq millions d'hommes réduits au désespoir! Souverains de l'Europe, si vous voulez la paix, l'ordre et le bonheur de vos sujets, favorisez de tout votre pouvoir le travail, l'industrie et le commerce de tous les peuples, même de ceux que vous comptez parmi vos ennemis. Le travail doit être et sera enfin le pacificateur du monde, le conciliateur de tous les intérêts, le dispensateur de toutes les prospérités particulières et générales.

La France réintégrée dans la possession de toutes ses ressources domestiques et coloniales, ne pourra de long-tems les faire servir à la restauration de sa prospérité, de sa richesse et de sa puissance. Long-temps elle devra en porter le tribut à l'étranger ; long-tems elle devra borner son ambition à suffire à sa libération. Parvenue à ce terme éloigné, elle devra s'estimer heureuse, si elle n'a rien perdu de son amour pour le travail, de ses capitaux, de son industrie, de sa réputation dans les arts et les sciences, et surtout si elle a su recouvrer les antiques domaines de son commerce, et les garantir de toute invasion. Fût-elle alors dépassée dans la carrière des richesses par les puissances qui se seront si long-tems partagé les fruits de ses travaux, elle pourra encore se flatter de les atteindre.

Mais il ne faut pas se le dissimuler ! ce prodige n'exige pas moins d'habileté dans l'emploi de nos moyens que de sagesse dans la direction de nos efforts, et c'est surtout de nos mesures de finances que nous devons attendre nos plus grands succès. Il est du plus haut intérêt de ne pas hésiter sur leur choix, et surtout de ne pas persister dans des théories condamnées par une fatale expérience.

Colbert nous a laissé le modèle qu'il faut suivre. Imitons la conduite de ce grand homme, et nous arriverons aux mêmes résultats qui l'ont immortalisé.

Il faut comme lui soulager l'agriculteur par la modération de ses contributions, favoriser l'agriculture par les progrès de l'industrie, seconder les efforts de l'industrie par les encouragements donnés aux arts et aux sciences, faciliter toutes les spéculations du commerce en le débarrassant des entraves qui peuvent gêner sa marche ou arrêter son élan, et ne négliger aucun des moyens qui peuvent le faire triompher de ses concurrents. C'est là ce que fit Colbert, et ce qui lui assure une gloire immortelle.

On atteindra ce but difficile si le système de nos contributions est calculé de manière à n'atteindre que la partie de la richesse annuelle qui excède les besoins individuels, à ne gréver la richesse nationale que dans la partie qui n'est pas indispensable à la reproduction de la richesse annuelle, et enfin à n'imposer sur l'avenir que des charges qui ne détruisent pas ses espérances.

Cette tâche serait moins difficile, s'il existait des états fixes et positifs de toutes les branches de la richesse; mais il n'en existe point. Les hommes les plus éclairés en cette partie n'ont que des notions partielles, incomplètes, et tout au plus approximatives. On est donc forcé de marcher au hasard, et l'on ne peut en éviter les dangers qu'à l'aide des principes fondés sur la raison et des doctrines qui ont obtenu le plus de succès. Il faut également se tenir en garde contre la timide circonspection de l'expérience routinière et contre les illusions d'une imagination audacieuse et déréglée.

Dans cette vue j'examinerai successivement :

1°. Quel est, d'après les principes régulateurs des contributions, le système de finance le mieux approprié aux circonstances actuelles.

2°. Quel usage on peut faire du crédit public dans des tems extraordinaires.

Si je ne m'abuse point, l'examen de ces diverses questions doit répandre de grandes lumières sur notre situation financière, sur les moyens d'en sortir de la manière la moins fâcheuse ; car c'est là toute notre espérance , comme ce doit être le but de tous nos efforts.

§. Ier.

Du Système de Finance le plus convenable à l'état actuel de la France.

Les éléments de ce problème se composent de la connaissance 1°. des dépenses publiques en 1816; 2°. de l'état du revenu général qui doit les acquitter.

Les dépenses publiques s'élèveront au moins à...................................... 800 millions (1).

Quant au revenu général, il est douteux que dans l'état actuel de notre industrie et de notre commerce, il dépasse........... 4 milliards.

Les frais de production s'élevant au moins à la moitié des produits. 2

Reste par conséquent net...... 2 milliards. (2)

Ce sont ces deux milliards qui doivent payer et qui paieront effectivement les 800 millions; par conséquent il est évident que tous ceux qui vivent du revenu net, paieront bien près de la moitié de leur revenu.

Si la part que chacun prend dans les deux milliards était égale et connue, rien de plus fa-

____

(1) Dans cette somme n'est pas compris l'arriéré exigible, qu'on évalue de 6 à 700 millions; mais il y a pour cet objet des fonds faits jusqu'à concurrence d'environ 300 millions, tant en bois qu'en biens des communes.

Je ne parle pas non plus des créances dues à des particuliers autres que français, qui, d'après le traité, doivent être payées en rentes.

(2) Voyez mon dernier ouvrage *sur la Théorie de l'économie politique,* 2 vol. in-8°., chez Déterville, libraire, rue Hautefeuille, n°. 8.

cile que de prélever sur lui sa part contribu-
toire au paiement des 800 millions ; il est évident qu'il ne resterait à chaque contribuable,
après la défalcation de la contribution, qu'environ 170 fr. ; objet bien modique, mais enfin
suffisant pour la conservation de la population
et de l'État, puisque toutes les branches du
travail conserveraient leurs capitaux et leurs
moyens de reproduction de la richesse annuelle.

Mais le partage des 2 milliards entre six à sept
millions d'individus, dépend de tant de causes
différentes et complexes, qu'il est physiquement
et moralement impossible de s'en former la
moindre notion. De là les différentes sortes de
contributions établies dans chaque pays, et
tendant toutes à suppléer à la connaissance de
ce partage et à en tenir lieu.

On connaît à présent quatre sortes de contributions.

Les unes portent sur les propriétés territo-
riales.

D'autres sur les capitaux mobiles et immobiles.

D'autres sur les personnes.

Et d'autres sur les consommations.

Essayons de déterminer l'effet de ces contributions sous les rapports du contribuable, de la
prospérité publique et de la richesse générale.

Les contributions sur la propriété territoriale ou sur ses produits, ont une foule d'inconvénients. Je ne les retracerai pas tous ; je ne ferai remarquer que les plus évidents et les plus fâcheux.

Il est d'abord certain que ce genre de contributions pèse exclusivement sur le propriétaire, et que celui-ci n'a aucun moyen d'en faire supporter la charge aux consommateurs des produits de l'agriculture. En effet, le prix de ces produits ne dépend pas de ce qu'ils ont coûté à produire, mais de la proportion de leur quantité avec les besoins de la consommation. Dépassent-ils ces besoins, ils sont à bon marché, quand même les frais de leur production excéderaient leur prix de marché.

On ne peut pas même dire que si cet état de choses se prolongeait, le propriétaire diminuerait sa culture jusqu'à ce que la rareté des produits en eût élevé le prix au niveau des frais de production. Le mal qui en résulterait serait encore pire que celui auquel on aurait voulu remédier. La réduction des terres cultivées diminuerait la quotité des produits agricoles, le salaire des agriculteurs, la rente de la terre, la richesse générale, la population et la puissance nationale. Il serait difficile d'arriver à des résultats plus funestes que

ceux qui suivraient naturellement et nécessairement de la réduction de la culture, nécessitée par
de trop fortes contributions sur les propriétés ter-
ritoriales. Il est donc non-seulement dans les de-
voirs de la justice distributive, mais encore dans
l'intérêt national, de n'imposer ce genre de richesses que dans des proportions très-modérées,
et même inférieures à ce qu'elles peuvent effectivement supporter.

Aussi remarque - t - on qu'en Angleterre les
contributions sur les terres ne forment qu'environ le dixième des impositions générales,
tandis qu'en France elles en forment plus de la
moitié.

Les contributions sur les capitaux se perçoi-
vent sur les mutations des propriétés ; mais quel
est l'objet qui les paie ?

Ce n'est pas la propriété, objet de la mutation ;
elle reste, après le paiement de la contribution,
dans le même état où elle était auparavant ; ce
qui a donné lieu de croire que ce genre de
contributions laissant les propriétés, après comme
avant leur mutation, ne portait aucune atteinte
à la richesse d'un pays.

On eût été moins prompt à tirer cette conséquence, si l'on eût fait attention que la contribution est prise sur la valeur donnée en échange

de la propriété mobile, ou immobile, c'est-à-dire sur l'or et l'argent qui en sont le prix.

Au premier aspect on ne voit pas bien quel mal peut résulter pour la fortune publique du prélèvement fait sur l'or et l'argent employés à opérer la mutation des propriétés. Car cet or et cet argent ne sont pas plus susceptibles d'être consommés que les propriétés dont ils ont effectué la mutation. Ils restent également dans la circulation, et par conséquent on ne voit pas encore comment l'État conservant ses propriétés et son argent souffrirait quelque dommage de la contribution imposée sur les mutations.

Il existe cependant ce dommage, et son étendue est beaucoup plus grande qu'on ne saurait se l'imaginer.

Avant d'être employé à la mutation des propriétés, l'or et l'argent, qui ont fait ce service, salariaient un travail, qui donnait à leur propriétaire un revenu; supposons-le de cinq pour cent. Sortie de cet emploi pour effectuer la mutation, la portion de l'or et de l'argent qui passe dans les mains du Gouvernement salarie encore un travail, mais ce travail ne donne plus de revenu ni à l'État, ni à personne. De sorte que chaque année ce mode de contribution détruit une portion du revenu particulier et général, ou en d'autres termes, il consomme une partie du capital productif du revenu, au lieu du revenu qui seul doit être consommé. Il arrive alors à la fortune publique, ce qui se voit chaque jour dans les fortunes particulières, lorsque l'excédant des dépenses sur le revenu nécessite chaque année la vente d'une partie du capital pour couvrir le déficit. Dans ce cas, la fortune particulière est infailliblement détruite dans un tems donné.

La sort de l'Etat n'est pas tout-à-fait aussi malheureux, ni aussi funeste. Il est possible que le particulier à qui on enlève une partie de son capital pour le consommer comme un revenu, en répare la perte par des économies faites sur ses revenus ; mais ce qui est possible ne se réalise pas toujours, et il est bien plus à craindre que l'individu qui est privé d'une partie de son capital et de la partie du revenu que produisait ce capital ne soit pas disposé à s'imposer de nouvelles privations, et consomme le revenu qui lui reste, plutôt que d'économiser la partie qui excède ses besoins. Il serait bien plus sûr et bien plus sage d'imposer le revenu que d'en espérer l'économie.

D'un autre côté la contribution sur la mutation des propriétés diminue chaque année le capital assuré à ce genre de circulation, et par une conséquence nécessaire cette circulation doit en souffrir, les propriétés perdre de leur valeur, et la détérioration de cette partie la plus importante de la richesse nationale arrêter les progrès de la prospérité publique.

Ce n'est pas tout :

Les mutations des propriétés s'effectuent par les successions, les donations, les échanges, les ventes libres et forcées.

Dans les quatre premiers cas la contribution prive les propriétaires d'une partie des capitaux nécessaires à l'entretien de leurs propriétés, et il y a diminution du revenu particulier et général, et par conséquent perte certaine pour les particuliers et pour l'Etat.

Dans le dernier cas la contribution est d'une injustice révoltante.

Le propriétaire forcé de vendre sa propriété pour se libérer envers ses créanciers, se voit dépouillé par la contribution d'une partie de sa fortune. Souvent cette contribution en absorbe les débris et laisse le malheureux propriétaire sans aucune ressource. Quel nom donner à une contribution qui ruine le contribuable?

Enfin ce qui achève de dévoiler les vices de ce genre de contributions, c'est qu'on ne sait jamais dans quelles proportions elle est avec les facultés des contribuables. Tandis qu'elle n'est pour l'un que d'un centième de sa fortune, elle est peut-être pour l'autre d'un quart, d'un tiers, d'une moitié et peut-être davantage.

Il serait difficile d'imaginer une contribution plus vicieuse en elle-même, plus onéreuse pour le contribuable, plus ruineuse pour l'Etat. Elle est cependant établie partout, et les Gouvernemens les plus sages et les plus éclairés sont ceux qui l'ont resserrée dans les limites les plus étroites. Ce qui la recommande à tous les administrateurs des finances, c'est qu'elle donne des produits abondans et faciles à percevoir. Il n'y a pas d'autre cause de son succès dans les Gouvernemens peu versés dans la science des finances et plus occupés de ce qui leur convient que de ce qui peut concourir à la prospérité publique. Si l'on veut juger des progrès relatifs des divers Gouvernemens dans la science des finances, il suffit de comparer leurs contributions sur les capitaux. Je ne donnerai point ici ce tableau si honorable pour les uns et si scandaleux pour les autres ; pour ne pas sortir de mon sujet, je me contenterai de faire remarquer qu'en France les contributions sur les capitaux forment la cinquième partie de la contribution totale, tandis qu'en Angleterre elles n'en forment pas la dix-huitième partie ; et cependant les capitaux sont en Angleterre bien autrement considérables qu'en France, et peuvent y être bien plus facilement suppléés par le crédit. L'expérience d'un peuple éclairé vient donc ici à l'appui des lumières de la raison, et donne la véritable règle de ce genre de contribution.

Les contributions sur les personnes embrassent toutes celles qui sont fondées sur leur richesse présumée, présomption qu'on ne peut jamais porter à aucun degré de certitude. Elles sont donc nécessairement conjecturales et par conséquent arbitraires. Aussi ce genre d'impôt n'est-il pas connu en Angleterre. En France l'on en a reconnu les inconvéniens et on les a évités en très-grande partie par la modération de cet impôt qui ne forme à présent qu'environ un vingtième de toutes les impositions. Sa modération a sans doute prévenu les fâcheux effets de son existence, mais elle atteste encore les vices de notre système des finances.

Les contributions sur les consommations offrent le moins d'inconvénients, et par conséquent sont les plus avantageuses de toutes celles qu'on connaît. La raison en est simple et facile à saisir.

Les dépenses publiques doivent être acquittées

par tous les citoyens dans la proportion de leurs facultés; peut-être vaudrait-il mieux dire dans la proportion de leur aisance relative; car là où les dépenses publiques sont prises sur les besoins particuliers, l'Etat est dans un péril imminent et court à une ruine certaine.

Mais comment connaître les facultés ou l'aisance des contribuables? Il n'y en a point de moyen sûr et infaillible. On est donc forcé de se contenter de conjectures, de probabilités et d'apparences; et de toutes celles qui ont obtenu la préférence dans les divers pays de l'Europe moderne, il n'en est point qu'on puisse comparer aux contributions sur les consommations.

On ne consomme qu'en proportion des équivalents qu'on peut donner en paiement de ses consommations. Il est donc certain que celui qui consomme a la valeur de ses consommations, et la contribution assise sur les consommations porte réellement sur les facultés des consommateurs. L'impôt est donc nécessairement réglé par une mesure fixe invariable et commune à tous les contribuables.

Il a encore un autre avantage, il se confond avec la valeur des objets de consommation, et en a tous les effets. Or, comme la valeur des choses impose à ceux qui veulent les consommer, l'obligation de se procurer un équivalent pour leur paiement, il s'ensuit évidemment que l'impôt qui augmente la valeur des choses, ou qui renchérit leur prix, aiguillonne les consommateurs au travail et à l'industrie, et peut jusqu'à un certain point servir de véhicule aux progrès de la richesse générale. Partout où les consommations sont à bon marché, le travail est languissant, l'ouvrier paresseux et le pays pauvre, et il ne serait peut-être pas impossible de faire voir qu'une contribution sur les consommations proportionnées aux facultés des consommateurs, donnerait de l'activité au travail, de l'habileté à l'industrie, et une grande impulsion à la richesse générale.

Cela serait vrai surtout, si, comme on le doit, la contribution ne portait que sur les consommations réservées à l'aisance. Le pauvre s'accoutume à sa misère, et un peu plus ou un peu moins de misère l'affecte peu. Mais l'homme aisé ne renonce pas facilement à ses jouissances, et redouble d'efforts pour échapper à la privation dont le menace la contribution. On peut donc sans aucun danger et même avec une sorte d'avantage, établir des contributions sur les consommations propres et particulières à l'aisance. On n'a pas même à craindre de dépasser le terme auquel elles doivent s'arrêter. Leur produit est-il stationnaire? il a atteint son terme et on tenterait inutilement de l'accroître. Est-il progressif? on a la certitude que la prospérité publique fleurit et s'améliore. Est-il rétrograde? on est averti que l'aisance diminue, et un gouvernement éclairé en cherche les causes et y porte le remède convenable.

Les contributions sur la consommation des objets particuliers à l'aisance offrent donc des avantages évidents et désirables à tous égards.

Il est vrai que ces avantages ne sont pas sans de graves inconvénients, et je me donnerai bien de garde de les dissimuler.

Ce genre d'impôt excite le contribuable à la fraude, corrompt les mœurs, propage les vices, fomente le crime, nécessite des institutions et des tribunaux pour les réprimer et les punir. Ces considérations ont excité de justes préventions contre ce genre d'impôts; et de là vient sans doute qu'ils n'ont pas trouvé la même faveur dans tous les pays. Mais il me semble qu'on n'a pas fait attention que ces inconvénients ne sont pas inhérents à la nature de l'impôt, mais à son assiette, et si l'on eût bien cherché les modes de perception les plus favorables ou les moins fâcheux, il n'eût peut-être pas été difficile d'éviter et même de prévenir les calamités morales qu'on lui a si justement reprochées.

Un autre reproche qu'on fait à ce mode de contribution est fondé sur la difficulté de sa perception. Il assujettit les contribuables à des visites domiciliaires, à des perquisitions vexatoires, à des vérifications oppressives. L'agent du fisc prend sur le contribuable une sorte d'autorité peu convenable à la dignité du citoyen, et presque toujours fatale aux bonnes mœurs.

Ce qu'il y a d'extrêmement remarquable à ce sujet, c'est que les inconvénients qui motivent ce reproche sont moins sensibles au peuple anglais qu'au peuple français, quoique l'un ait toujours joui d'une plus grande liberté que l'autre. Preuve évidente que les hommes et les peuples n'ont pas partout la même notion des mêmes choses, et que la différence de leurs mœurs tient à des causes encore peu connues.

Quoi qu'il en soit, il est raisonnable de dire que puisqu'on est parvenu dans un pays, sinon à faire disparaître, du moins à rendre supportables les inconvénients particuliers à la perception de ce genre d'impôt ; il n'est pas impossible de se promettre le même succès dans d'autres pays, et si l'on voulait rechercher les causes de la difficulté que cette perception a éprouvée en France, peut-être reconnaîtrait-on qu'elle résulte plutôt de l'espèce que de la nature de la contribution. En France les contributions sur les consommations ont presque toujours porté sur des objets de première nécessité, tandis qu'en Angleterre elles n'ont jamais frappé que des objets d'aisance. On a donc pu dans l'un des deux pays souffrir impatiemment un impôt qui dans l'autre n'excitait à aucune résistance. D'où il suit, en supposant la justesse de cette observation, qu'il n'est pas impossible de naturaliser ce genre d'impôts dans tous les pays.

Enfin, on reproche à ce genre de contributions la grandeur des frais de perception, et il faut convenir que ce reproche est fondé en France et dans les autres pays de l'Europe. Mais c'est plutôt la faute des Gouvernements, qu'un vice propre et particulier à la nature de cet impôt. En Angleterre, les frais de sa perception n'excèdent pas cinq pour cent, et par conséquent ils sont de beaucoup inférieurs à ceux que coûte à la France la perception des contributions directes.

De ces réflexions élémentaires sur la nature et les effets immédiats de chaque espèce de contribution, il s'ensuit que les moins fâcheuses à la prospérité des peuples, sont celles qui portent sur les objets de consommation réservés

à l'aisance et à la richesse, et que par conséquent elles doivent être mises en première ligne
dans tout système des finances; que lorsqu'elles
ont atteint le terme de leur production, il faut
avoir recours à celles sur les contributions fon-
cières, et neutraliser par leur modération les
vices de leur nature, et qu'enfin on ne doit recourir aux capitaux que dans le cas d'insuffi-
sance de toutes les autres ressources dans des circonstances extraordinaires et dans des cas absolus.

Il faut cependant remarquer que lorsque cet
ordre a été interverti, on ne peut pas le rétablir tout à coup, et qu'il serait dangereux pour le
Trésor public de l'entreprendre. La sagesse
commande de faire peu à peu, ce que le tems
a fait peu à peu, et d'éviter de grandes inno-
vations, presque toujours suivies de crises funestes et déplorables.

Dans cette hypothèse, les contribuions publiques de la France, dans les tems ordinaires,
devraient consister :

1°. Dans les contributions di-
rectes........................... 200,000,000

2°. Dans les contributions sur
les capitaux...................... 50,000,000

Total......... 250,000,000

D'autre part................ 250,000,000

3°. Dans les contributions sur
les consommations, y compris le
sel et le tabac................ 300,000,000

4°. Dans les bois, les douanes
et les postes................ 50,000,000

Total............ 600,000,000

C'est à peu près le terme naturel des contributions que la France peut payer dans l'état actuel de sa richesse. Cette répartition la rapprocherait beaucoup du système des finances de l'Angleterre. Voyez le tableau de comparaison des deux systèmes, N°. Ier.

Jusqu'à quel point les besoins actuels de la France permettent-ils à son Gouvernement de se rapprocher ou de s'éloigner de son système de finances ordinaire et pour ainsi dire naturel? C'est une difficulté qu'il importe d'éclaircir, s'il n'est pas possible de la résoudre.

Les engagements contractés par la France envers l'Étranger, la mettent dans la nécessité d'augmenter ses contributions d'un tiers, et de les porter de 600 millions, leur taux actuel, à 800 millions, montant des dépenses publiques ordinaires et extraordinaires.

Où prendra-t-elle cet excédant de charges?

Se contentera-t-on d'élever les contributions ordinaires d'un tiers? On le tenterait en vain. Il est certain que toutes les contributions ordinaires sont parvenues à leur maximum, et que leur augmentation serait illusoire, ne donnerait que des non-valeurs et compromettrait la prospérité de l'agriculture, l'accroissement des capitaux et la progression de la richesse générale.

Et d'abord comment pourrait-on espérer, avec quelque fondement, de plus grands produits de l'élévation des contributions sur l'agriculture? Ne sait-on pas que cette branche de nos richesses, la seule qui n'ait pas souffert du malheur des tems, est notre plus grande et notre dernière ressource, et qu'il y aurait plus que de l'imprudence à l'exposer au danger d'un dépérissement et d'une ruine entière, par un surcroît de charges qu'elle ne pourrait pas supporter. Quelles que soient l'étendue de la patience du cultivateur et sa disposition naturelle aux privations et aux sacrifices, encore convient-il de ne pas le pousser au désespoir par la perspective de la misère et des souffrances.

Et à quelle époque lui demanderait-on cet accroissement de tributs? lorsque la plus grande partie des charges de l'invasion étrangère ont pesé sur lui; lorsque ses avances de toute nature ont été dévorées par des réquisitions nationales et étrangères ; lorsque les dévastations de la guerre ont mis le comble à la misère des campagnes.

Qu'on ne perde pas de vue d'ailleurs que le cultivateur est grevé d'un arriéré immense, qu'il aura de la peine à se mettre au courant, et qu'on lui en ôterait la possibilité et peut-être la volonté si l'on ajoutait encore à la pesanteur du fardeau qui l'accable.

Loin d'augmenter les contributions directes d'un tiers, ni même d'une obole, je crois qu'il serait convenable et avantageux de les réduire de 320 millions, leur taux actuel pour le Trésor public, à 250 millions. Cette réduction salutaire ne rétablirait pas toutes les forces du cultivateur, ne rendrait pas à la culture toute sa prospérité, et n'augmenterait pas dans une grande proportion la fécondité de cette source précieuse de nos richesses ; mais elle consolerait le cultivateur, l'encouragerait et le déterminerait à redoubler d'efforts et d'énergie pour arriver à des tems moins désastreux et plus prospères.

Les contributions sur les capitaux, loin d'offrir la possibilité d'une augmentation, me semblent aussi dans le cas d'être diminuées, et les considé-

rations les plus puissantes en démontrent la nécessité.

Dans les tems ordinaires les capitaux peuvent,
non sans dommage, mais sans difficulté, souffrir
de grandes contributions. Ils sont alors abon-
dants, ils circulent facilement, et l'on peut,
jusqu'à un certain point, y suppléer par le crédit.

Mais dans les circonstances extraordinaires où
les capitaux se resserrent, où chacun craint de les
mettre en circulation, où il n'y a de sécurité ni
dans leur emploi, ni dans leur retour, où tout
crédit est impossible, les grever d'une plus forte
contribution, ce serait les exclure de la circulation, augmenter la difficulté des affaires et ajouter
encore à la détresse générale.

Ce n'est pas le moment, par un accroissement
des droits sur les mutations, de détourner les propriétaires de la vente de leurs biens, nécessaire à
leur libération envers leurs créanciers, ou à leurs
besoins de travail, d'industrie et de commerce.

Ce n'est pas le moment d'ajouter à la détresse
du débiteur par de plus grands droits qui consom-
meraient sa ruine et qui priveraient ses créanciers
d'une partie du gage de leurs créances.

Ce n'est pas le moment de porter l'alarme et
la désolation dans les familles, par un accroisse-

ment de droits qui attribueraient au fisc peut-être la plus grande part dans l'héritage paternel.

Ce n'est pas le moment d'étouffer les sentimens de l'amitié et de la reconnaissance, si rares et si précieux dans les tems de révolution, en grevant les dons gratuits et volontaires de charges intolérables.

Aussi, dans mon opinion, mettrais-je un grand prix à diminuer dès à présent les droits d'enregistrement; et quoique cette diminution fût de peu de chose, elle prouverait au moins qu'on veut faire le moins de mal possible, ce qui double le courage et l'énergie d'un peuple. Dans cette pensée je réduirais les contributions sur les capitaux de 120 millions, leur taux actuel, à 100 millions.

Mais comment remplir les vides que laisseraient dans la fortune publique ces retranchements sur les contributions ordinaires, et où prendre l'accroissement de 200 millions qu'elles doivent supporter ?

Ce n'est pas sur les contributions personnelles et mobiliaires ; nous avons vu que ce genre de tributs offre peu ou point de ressources ; tous les efforts de la plus habile fiscalité ne sauraient en tirer un parti avantageux : qu'on ne les diminue pas, à la bonne heure ! mais il me paraît impossible et inutile de les augmenter.

Il ne reste donc que les contributions sur les consommations, et j'avoue que si elles existaient, si elles étaient bien assises, si surtout on les avait débarrassées du mode de perception par l'exercice, toujours repoussé par les Français, elles pourraient suffire à tous les besoins. Je ne fais aucun doute que dans les tems prospères elles ne donnassent un produit net de 300 millions.

Mais ces contributions n'existent pas; il faudra les établir, et l'on sait que les frais d'établissement absorbent la presque totalité des produits de la première année. Ces contributions ne seraient donc que nominales dans ce moment.

D'un autre côté, les circonstances ne sont pas favorables à leur établissement. Comme chacun ne pourra payer ses charges publiques que par la réduction de ses dépenses privées, on sent que les consommations seront extrêmement restreintes, et les grever d'impôts dans un moment aussi défavorable, ce serait porter un coup mortel à l'industrie et au commerce, et sacrifier la matière imposable à l'impôt.

Je crois qu'il serait sage d'ajourner, quant à présent, cet excellent mode de contribution, et de renvoyer son établissement à un tems plus opportun. Craignons de prévenir l'opinion contre

lui , et de faire beaucoup de mal sans la possibilité d'aucun bien.

Je crois qu'on doit se contenter des 170 millions que produisent le sel, le tabac, les vins et
boissons , et les douanes.

Dans cette hypothèse , les contributions mo-
dérées et réduites ainsi qu'on vient de le voir,
donneraient effectivement et réellement :

Contributions directes.....   250,000,000
Sur les capitaux........ 100,000,000
Indirectes ou sur les consom-
mations. 170,000,000
Bois et domaines.......... 10,000,000
Loteries.................... 7,000,000
Postes. 10,000,000

547,000,000
Le déficit serait donc de.. 253,000,000

Total............... 800,000,000

Ce déficit me parait ne pouvoir être rempli
avec certitude , et le moins de dommage pour
la prospérité publique, que par une taxe sur le
revenu, par cette taxe qui a tiré l'Angleterre
de la crise la plus redoutable pour ses finances,
par cette taxe qui doit occuper une place si dis-
tinguée dans l'histoire des finances modernes.

Ce n'est pas que ce mode de contributions soit sans inconvénients. Il en présente au contraire de très-graves et de très-fâcheux. S'il était permanent, il serait insupportable et destructif de la richesse générale, ou du moins le plus grand obstacle à ses progrès.

Mais comme impôt temporaire, dans un besoin pressant, au moment de l'épuisement de toutes les ressources ordinaires, il est de tous les impôts celui qui porte le moins d'atteinte à la richesse générale et particulière, et celui qui offre des secours plus certains et plus efficaces au Trésor public.

Cet impôt ne porte que sur le revenu net de chaque particulier, et par conséquet il conserve à la reproduction toutes ses facultés, toute sa force, toute sa puissance. Un pays peut consommer tout son revenu net, sans rien perdre de sa richesse. Taxer le revenu net, c'est donc ne porter aucune atteinte à la richesse.

D'un autre côté, la taxe sur le revenu net est infiniment avantageuse au Trésor public. Non-seulement elle donne tout ce qu'elle promet, parce qu'elle ne porte que sur les classes riches et aisées ; mais ce qui est bien autrement précieux dans les tems de détresse, son recouvrement est facile et s'effectue toujours aux époques déterminées. Tellement que le Trésor public, assuré de ses rentrées, n'a pas besoin de recourir à des expédients ruineux pour l'état, et funestes à toutes les branches de la richesse.

C'est dans les circonstances actuelles où la France se trouve placée, que cette considération me paraît digne de la plus grande attention. Qu'on songe que le Trésor a pris des engagements fixes envers l'étranger, jusqu'à concurrence de près de 300 millions; que la liquidation de ces engagements doit se faire tous les six mois, et que le déficit doit être rempli en rentes au cours. De sorte que si les moyens de paiement ne s'effectuaient pas dans les termes prescrits, la dette de 300 millions pourrait s'accroître dans des proportions que je me donnerai bien de garde de déterminer. Il me suffit de les faire pressentir.

Le point important dans ce moment, est moins d'offrir sur le papier une masse de contributions équivalentes ou mêmes supérieures aux besoins, ce qui n'est pas bien difficile, que d'avoir la certitude que celles qu'on établit seront perçues dans les tems et aux époques déterminés, et que le Trésor public n'aura pas besoin de recourir à des expédients ruineux, et surtout ne sera pas exposé à voir manquer le service. Le système de finances, tel que je viens de le présenter, me paraît réunir toutes ces conditions si désirables, et sous ce rapport seul, il me paraît offrir un avantage inexprimable.

Mais dans quelles proportions sera la taxe sur le revenu, avec le revenu? Comment sera-t-elle assise, répartie et recouvrée? Ce sont là des questions d'un grand intérêt. Je n'entreprendrai pas cependant de les résoudre avec quelque détail, parce que je suis peu prévenu en faveur de son adoption. Je sais quels obstacles elle doit rencontrer, et ces obstacles ne sont pas du nombre de ceux que la raison peut surmonter. Je ne l'ai même offerte au public que parce que j'ai cru que mon devoir m'y obligeait. On en trouvera d'ailleurs une idée suffisamment développée dans le projet de loi annexé à cet écrit sous le N°. II.

Quelque convaincu que je sois de l'exactitude du recouvrement de la taxe du revenu et des contributions directes réduites à 250 millions, je crois ce recouvrement trop important pour ne pas lui chercher une garantie indépendante de la bonne volonté ou des moyens du contribuable.

Dans cette pensée, je crois qu'il est indispensable de former dans chaque département une banque de secours, pour le paiement d'une partie des contributions directes et de la taxe du revenu. Les fonds de cette banque seraient du quart de l'une et de l'autre de ces contributions, et la plus grande partie en serait faite par une augmentation des cautionnements dans chaque département, et par d'autres moyens que je crois inutile d'exposer ici, parce que de telles vues sont facilement aperçues par les hommes versés en cette matière, et ne pourraient être que difficilement appréciées par les autres. On en trouvera d'ailleurs les bases principales dans le projet de loi annexé à cet écrit sous le N°. III.

Si je ne m'abuse point, cette mesure peut avoir de grands et d'innombrables avantages. Elle ouvre un accès au crédit public par la route du crédit particulier; et si cette route est rendue facile et praticable, comme cela est possible sans de grands efforts, la France pourrait, en très-peu de tems, jouir d'un crédit égal ou peut-être supérieur à celui dont jamais ait joui aucun peuple.

Mais à ce mot de crédit, le lecteur étonné du silence que j'ai gardé jusqu'à présent sur cet agent tout puissant de la richesse moderne, se demande si le crédit n'offre point d'espérances, si par d'habiles combinaisons il ne peut pas favoriser des opérations qui allégeraient le poids de nos malheurs, en le reportant sur un avenir éloigné. Examinons dans le plus grand détail cette question, qui pour être banale n'en est pas moins importante; et surtout tâchons de discerner les conceptions approuvées par la science, des illusions d'une imagination facile et crédule.

§. II.

De la nature du Crédit public, et des Secours qu'on peut en attendre dans des circonstances extraordinaires.

On ne peut agiter la question du crédit public, dans les circonstances où nous sommes, sans se rappeler et sans examiner dans toute leur étendue, deux opinions également remarquables par leur opposition, par le caractère de leurs auteurs, par la confiance avec laquelle ils la soutiennent, par l'importance des intérêts qui sont liés au jugement qu'on doit en porter.

M. le duc de Gaëte pense que le crédit ne peut être que le résultat de la confiance préalablement établie sur des bases solides.

« La première de toutes, dit cet honorable » administrateur, est la stabilité bien reconnue » du Gouvernement; or tout homme impartial

» et tant soit peu éclairé conviendra que depuis
» vingt-cinq ans, cette condition essentielle n'a-
» vait à aucune époque été complétement rem-
» plie en France. Il semble donc que le dernier
» Gouvernement se trouvait naturellement ab-
» sous de n'avoir pas tenté l'impossible, et qu'il
» avait fait preuve au moins de bon sens en ne
» poursuivant pas une chimère. Il semble aussi
» qu'il y ait eu, dans ces derniers tems, quelque
» imprudence à débuter, dans le dessein de fon-
» der le crédit, par une opération dont le succès
» eût exigé qu'il fût déjà dans toute sa force. Il y
» a là quelque chose qui implique ; il y a un ren-
» renversement d'idées que l'esprit seul peut
» bien ne pas apercevoir, mais sur lequel le
» jugement ne saurait se méprendre (1). »

M. le baron Louis, à son apparition au minis-
tère, annonça des principes entièrement oppo-
sés à ceux de M. le duc de Gaëte, et fonda sur
le crédit tout le succès de son administration. Sa
doctrine a été développée avec la plus grande
étendue par un écrivain son collaborateur, le
confident de ses pensées, et sans doute leur in-
terprète fidèle, puisqu'il ne l'a pas désavoué.

____

(1) Opinion préliminaire sur les Finances, par M. le
duc de Gaëte, page 6.

M. Bricogne, dans ses divers écrits, prétend
« qu'il est toujours facile de rétablir prompte-
» ment le crédit ; que le succès de cette hono-
» rable entreprise ne dépend que de la volonté
» sincère du Gouvernement, et de l'expérience
» des administrateurs. » Il trace la conduite
qu'il faut suivre dans cette circonstance, et il la
réduit à ces deux opérations : *donner toute sécurité aux créanciers, et fixer des échéances
successives calculées sur des moyens assurés de
paiement.* « C'est, ajoute-t-il, ce qui fut exécuté
» en 1814 ; c'est ce que vient de faire le mi-
» nistre des finances du royaume des Pays-Bas,
» pour la dette résultant de la dernière cam-
» pagne, et ce fut aussi en annuités plus ou
» moins éloignées, que consistèrent les premiers
» emprunts en Angleterre et dans les États-Unis
» d'Amérique (1).

Il y a dans ces assertions contradictoires, une
force de dogmatisme qui impose à la raison,
mais ne la satisfait pas. Voyons si en écartant le
dogme et en interrogeant les faits, source de
toute vérité, nous ne parviendrons pas à la so-
lution du problème, en apparence insoluble.

----

(1) Quelques mots de consolation aux créanciers de
l'État, page 312.

Dans toutes ses opérations le crédit offre un contrat par lequel celui qui possède une chose dont il ne fait ou ne veut pas faire usage, la cède à celui qui en a besoin, sous la condition qu'on lui en rendra, dans un tems convenu ou usité, la valeur qu'elle avait, au moment où il s'en est dessaisi.

Ainsi l'homme qui ne reçoit le salaire de son tems ou de son travail que chaque semaine, chaque mois, chaque trimestre, chaque semestre ou chaque année, fait un crédit plus ou moins long au maître qui l'emploie, et entend que lorsqu'on le remboursera, on lui donne précisément la valeur qu'il aurait reçue s'il n'avait pas fait de crédit. Or, on sait que de toutes les valeurs qui existent dans le monde, l'or et l'argent ont seuls la puissance de conserver la valeur la moins sujette à des variations, surtout pendant une époque de tems qui n'est pas très-considérable. D'où il suit que si l'on fait disparaître l'or et l'argent de la circulation, tout crédit cesse et même devient impossible, car qui voudrait donner à crédit son tems ou son travail pour une valeur qui à l'époque du paiement pourrait varier d'un quart, d'un tiers, d'une moitié et peut-être davantage.

Ce qui est vrai du crédit du tems et du travail,

l'est également du crédit des denrées et des marchandises qui circulent du cultivateur et du manufacturier au négociant, de celui-ci au marchand en détail, et de ce dernier enfin au consommateur.

Il est encore évident que si les lettres de change données par le négociant au cultivateur et au manufacturier, et celles qu'il reçoit du marchand en détail, ainsi que les valeurs que le consommateur donne au marchand en détail, étaient d'une nature variable, que si leur variation privait le cultivateur, le manufacturier, le négociant et le marchand en détail d'une portion quelconque de la valeur qu'ils devaient recevoir, le crédit n'aurait plus lieu dans les opérations commerciales, et qu'il faudrait livrer la valeur d'échange à l'instant même de la livraison des denrées et des marchandises.

Enfin le Gouvernement serait dans le même cas par rapport au crédit que lui font les serviteurs, les créanciers et les fournisseurs de l'État. Il ne pourrait leur demander ni en obtenir du crédit, s'il les payait dans une valeur variable et susceptible d'une plus ou moins forte dépréciation dans l'intervalle qui s'écoule de la dette au paiement.

Qu'on ne m'objecte point l'exemple de l'Angleterre qui, depuis dix-huit ans, emploie les billets de ses Banques à tous les échanges indistinctement et au paiement de tous les services; billets dont la valeur varie et ne donne pas toujours à celui qui en est porteur toute la valeur qu'ils lui promettent. Une foule de circonstances expliquent ce phénomène. Je ne les rappellerai pas toutes; la nature de cet écrit ne le permet pas. Il me suffira de faire remarquer que le papier des Banques admis dans la circulation est stipulé payable en or et en argent, que les Banques qui le mettent en ciculation sont notoirement solvables, et que tout porteur de leurs billets est assuré d'en recevoir la valeur à l'époque où elles devront reprendre leurs paiements en espèces. C'est donc effectivement l'or et l'argent qui circulent, sous la promesse de leur réalisation contenue dans les billets de Banque. Le terme de la réalisation est à la vérité indéterminé, mais il n'est que retardé, et à quelque époque qu'il arrive, le paiement devra s'en effectuer en or et en argent.

Sans doute ce retard assujétit la valeur du billet de circulation à des variations nuisibles au crédit; mais comme ces variations sont peu considérables, on s'en met à couvert par une légère élévation du prix des choses, qui rétablit l'équilibre et fait que chacun reçoit autant qu'il donne.

Encore convient-il de remarquer que ce mode de circulation n'a eu lieu que pendant que l'Angleterre avait des avantages certains sur tous les peuples avec lesquels elle entretenait des relations de commerce. Dans un tel état de choses elle pouvait se regarder comme isolée, ou sans aucune communication nuisible pour elle, et l'on sait que dans une telle situation le papier de circulation a le moins d'inconvénients. Mais que va-t-il arriver à présent qu'elle va reprendre ses relations avec tous les peuples, qu'elle sera tour à tour leur créancière et leur débitrice, qu'ils achèteront d'elle en papier de Banque, et lui vendront en or et en argent, que par conséquent elle recevra de ses ventes une monnaie dépréciée, et paiera ses achats avec une monnaie qui aura toute sa valeur. Cette épreuve lui sera-t-elle favorable? Il est permis d'en douter, et par conséquent le sort du papier de circulation doit être regardé comme précaire et incertain, jusqu'à ce que cette expérience ultérieure ait confirmé ou détruit l'opinion qu'on a pu s'en former jusqu'à présent; jusque là on doit regarder, comme la première condition du crédit, l'invariabilité des valeurs de circulation, et par conséquent la nécessité absolue de n'en admettre d'autres que l'or et l'argent.

Un second fait tout aussi certain est que si les lois qui doivent assurer l'exécution des engagements résultant du crédit, ne protégent pas suffisamment le créancier contre le manque de foi du débiteur, ou si elles sont mal exécutées par la mauvaise constitution et organisation des tribunaux; ou si enfin le Gouvernement par sa faiblesse ou son peu de consistance ne peut pas procurer l'entière exécution du jugement des tribunaux, et n'est pas assuré de pouvoir tenir ses engagements, il est évident encore qu'il ne peut exister ni crédit public ni crédit particulier, et que chacun doit demander et recevoir à chaque instant la valeur de la chose qu'il livre à chaque instant.

En ce sens M. le duc de Gaëte a eu parfaitement raison de dire que la première condition de l'existence du crédit est la stabilité du Gouvernement, et M. Bricogne est tombé dans une méprise évidente quand il a posé en principe qu'il est toujours facile de rétablir promptement le crédit.

Si le principe établi par M. le duc de Gaëte est certain, l'application qu'il en a faite à toute son administration pourrait être facilement contestée.

Il est certain que quoique la stabilité du gouvernement de Bonaparte n'ait jamais été complétement assurée, quoiqu'il l'ait presque toujours compromise par son ambition ou son audace, on ne peut pas se dissimuler cependant que cette stabilité était assez bien affermie pendant une très-grande durée de tems pour autoriser l'établissement d'un crédit sinon total et illimité, du moins limité et proportionné à la nature de son Gouvernement.

Mais il faut bien le dire, puisque cela peut être utile. M. le duc de Gaëte, élevé dans les principes suivis par l'administration des finances pendant les trois quarts du dix-huitième siècle, n'a pas donné une grande attention aux prodiges du crédit en Angleterre pendant le dernier quart du dix-huitième siècle, et peut-être même fut-il trop vivement frappé de l'abus qu'en avaient fait en France MM. Neker et de Calonne. Comme il savait que depuis Colbert tous les arriérés sans exception avaient été consolidés en rentes sur l'Etat, il suivit cette méthode qui devait paraître très-agréable au chef du Gouvernement, parce qu'elle suppléait sans bruit et sans efforts à tous les déficit; et qui n'était pas moins commode pour l'administrateur qu'elle dispensait de la tâche pénible d'accroître chaque année le fardeau des peuples. Mais comme ce mode de pourvoir aux besoins publics les grossissait de toutes les chances que les fournisseurs et les créanciers de l'État avaient à courir dans une consolidation forcée dont ils ne pouvaient ni prévoir, ni calculer les pertes, il est évident que ce mode grevait en dernière analyse les peuples d'un poids qui eût été insupportable, si les tributs de l'étranger ne l'eussent allégé.

Si donc il n'est pas exact de dire qu'il est toujours facile de rétablir promptement le crédit, si au contraire il est certain que le crédit se proportionne nécessairement à la stabilité du Gouvernement, à la nature de sa législation, au caractère de l'autorité judiciaire, examinons s'il n'y a pas d'autres causes qui le détruisent ou le limitent.

Il en est une particulière au crédit public qu'il importe de faire remarquer, parce qu'elle est peu connue, parce qu'elle me paraît avoir, sur le crédit, des effets qui n'ont pas été aperçus, et qui ont produit toutes les erreurs, toutes les méprises, toutes les bévues des écrivains, des publicistes et des administrateurs qui ont écrit sur le crédit public ou qui ont voulu en faire usage.

Il est, comme nous l'avons vu, dans la nature du crédit, de transférer à l'emprunteur une valeur réelle et positive dont le prêteur n'a pas un besoin actuel. De là il suit évidemment que le crédit public ne peut transmettre au Gouvernement que la portion de la richesse générale qui excède les besoins particuliers. Jamais le crédit public ne peut entrer en concurrence avec le crédit commercial et privé ; et si cela était, ce serait une calamité publique ; parce qu'alors le crédit public détournerait de leur destination les fonds nécessaires à la reproduction de la richesse annuelle, réduirait la masse du travail et entraînerait rapidement l'Etat à une ruine inévitable ; malheur qui n'arrive jamais parce que les particuliers sont toujours assez éclairés pour ne pas se défaire des fonds indispensables aux besoins de la reproduction. Les fonds que le crédit public peut absorber se réduisent donc en dernière analyse à ceux qui excèdent les besoins de la reproduction, ou qui peuvent en être détournés momentanément sans perte comme sans dommage pour elle ; et dans ce cas les emprunts publics non-seulement ne sont pas nuisibles, comme on l'a cru beaucoup trop légèrement, mais même ils peuvent avoir un genre d'utilité qu'on conteste mal à propos. On peut donc tenir pour certain et l'on doit poser en principe dans cette matière que le crédit public quand il peut exister, ne dépasse jamais la richesse disponible de chaque pays, et qu'aucun Etat ne peut emprunter au delà de cette portion de la richesse nationale. Les versemens de l'étranger dans les fonds publics des autres pays sont toujours peu considérables, et ne forment même pas une exception à cette règle générale.

Cela posé, il est encore évident qu'on ne peut connaitre la portion de la richesse nationale qu'on peut se procurer par le crédit public, que par l'emprunt volontaire. Lui seul donne la mesure de l'état de la richesse nationale, de son abondance ou de sa médiocrité. Tout autre moyen est illusoire et sans effet.

Combien donc s'abusait le ministre des finances qui, bien convaincu que l'emprunt volontaire ne lui aurait pas procuré une obole, crut cependant, sans le secours des emprunts volontaires, pouvoir jeter les fondemens d'un crédit public brillant et prospère? Comment ne vit-il pas qu'il luttait contre la nature des choses, et qu'elle se joue de tous les efforts humains?

Examinons son système, qui à son apparition excita une clameur universelle, qui fit illusion aux esprits superficiels, et qui n'est pas encore bien jugé par tout le monde.

M. le baron Louis ne pouvant prétendre au

crédit public qui tire son existence des emprunts volontaires, se persuada qu'il pouvait le créer par une autre voie. Il pensa que si les créanciers de l'arriéré exigible laissaient volontairement au Trésor public les fonds qu'il devait leur payer, ce serait la même chose que s'ils les lui avaient prêtés volontairement. Il ne vit pas qu'il se perdait dans un cercle vicieux, et que si les créanciers de l'Etat, maîtres de leurs fonds, n'avaient pas voulu les prêter au Trésor public, par la même raison ils ne voudraient pas les lui laisser, s'ils étaient les maîtres de les retirer. La raison en est sensible.

Pour que les créanciers de l'arriéré exigible eussent consenti à n'en pas exiger le paiement, il aurait fallu qu'ils n'en eussent pas eu besoin, et le Ministre n'avait aucune garantie que ce besoin n'existait pas. Son système de crédit ne reposait donc sur aucun fondement raisonnable.

Vainement ce Ministre se flattait-il de séduire les créanciers par la promesse solemnelle de les rembourser intégralement de leurs créances, en intérêts et capitaux. C'était là sans doute de belles paroles, mais ces paroles ne valaient pas des écus, et ne devaient point persuader les créanciers, s'ils avaient besoin d'écus.

D'ailleurs la solemnité des promesses du remboursement intégral était grandement compromise par le délai de trois ans que le Ministre se donnait pour effectuer ce remboursement. Ce délai forcé avait une grande ressemblance avec un emprunt forcé, et opposait un obstacle insurmontable à la création du crédit public.

Le Ministre croyait-il appaiser les créanciers par la promesse d'une indemnité de huit pour cent ? Il s'abusait encore. Cette indemnité ne donnait aux créanciers que des paroles, puisqu'il n'y avait pas de fonds faits pour l'acquitter, et qu'elle restait confondue avec toutes les autres dépenses de l'Etat, dont le paiement n'était rien moins qu'assuré. Les créanciers ne se contentent point de promesses, quelque solemnité qu'on leur donne. Ils veulent des effets, ils veulent un revenu approprié à leur paiement. Le Ministre ne leur en donnait pas, que devaient-ils penser ? si non qu'ils étaient, après comme avant les promesses du Ministre, créanciers forcés de l'Etat. Etait-ce bien là le moyen de fonder le crédit public ?

Enfin le Ministre fit affecter un fonds d'environ 3 à 400 millions au paiement des créances arriérées, qu'il évaluait lui-même à 759 millions, ci...................... 759 millions

A quoi ajoutant pour l'indemnité
pendant trois ans............. 181
____
C'était................. 940 millions
que le Ministre annonçait vouloir éteindre avec
3 à 400 millions.

Cette imprudente confidence faite au public,
jeta tous les esprits dans la plus grande anxiété ;
chacun se livra aux conjectures les plus fâcheuses. Je ne fus pas exempt de la terreur
générale, et je criai avec tout le monde contre
un projet de remboursement intégral, qui devait dépouiller les créanciers de la moitié de
leurs créances.

Le collaborateur du Ministre nous a révélé,
dans un de ses écrits, que le Ministre ne se pro-
posait pas de rembourser les 940 millions avec
les 3 à 400 millions qu'il avait fait mettre à sa
disposition, mais qu'il se flattait seulement de
les faire admettre et de les maintenir dans la
circulation jusqu'à ce qu'il pût les en retirer par
l'amélioration du crédit.

Mais cette partie du projet n'était pas moins
vicieuse que la première.

Comment le Ministre ne prévit-il pas qu'une
partie des créanciers voudrait toucher le montant de ses créances, aussitôt que le rembourse-

4

ment serait ouvert; que ce remboursement lui enlèverait une partie plus ou moins considérable du fonds de 5 à 400 millions, et que les autres créanciers qui auraient pu consentir à ne pas exiger leur paiement, si personne n'avait été payé, voudraient aussi leur remboursement dès qu'ils verraient le gage commun devenir la proie d'un petit nombre de créanciers. Et comment n'auraient-ils pas eu cette volonté, lorsqu'ils savaient que le fonds affecté au paiement de leur créance n'en formait pas la troisième partie?

Aussi les faits ont-ils confirmé pleinement ces résultats de la raison, et personne ne se fût trompé sur le sort du système des obligations, si le Ministre l'avait alors présenté comme le fait aujourd'hui son collaborateur.

Je ne peux pas retracer ici tous les faits qui dans l'exécution du système ont dévoilé tous les vices de sa conception. Il faudrait avoir sous les yeux les comptes de la gestion de cette opération. Ce compte doit répandre de vives lumières sur la nature du crédit public. Comme j'en connaissais toute l'importance, j'en avais fait la demande par une proposition formelle à la Chambre, dans les premiers jours de la session. J'ai dû la retirer, parce que je me suis aperçu qu'on se méprenait sur mon intention;

mais j'ai lieu de croire que la Chambre, éclairée par la marche des affaires, sentira la nécessité de cette communication, et regrettera qu'elle ne lui ait pas été donnée plus tôt.

Forcé de me contenter des faits avoués par l'apologiste du système, il me semble qu'on peut encore en tirer des conséquences funestes à ce système.

Il paraît certain, d'après les écrits de M. Bricogne, que dès avant l'émission des obligations, le Ministre avait remboursé environ 122 millions écus aux créanciers de l'arriéré. Quels étaient ces créanciers? Les porteurs des bons de la Caisse de service, de la Caisse d'amortissement et la Banque de France, c'est-à-dire les capitalistes qui sont dans l'usage de faire valoir leurs fonds avec le Trésor public. Le Ministre se flattait que ces fonds sortis du Trésor pour acquitter une créance exigible, rentreraient pour former une créance nouvelle, et que cette opération ne produirait qu'un virement favorable au crédit.

Si l'on en croit les bruits qui se répandirent alors, le Ministre se trompa dans son calcul, et ses démêlés avec la Banque apprirent au public combien il était fâché de s'être trompé.

A l'époque de l'émission des obligations, les

porteurs ne furent ni plus confiants ni plus com-
plaisants que la Banque de France. Sur 36 millions d'obligations émises, il fallut en rembourser
environ 21 millions ; encore n'est-il pas certain
que les autres 15 millions soient restés dans la circulation. On sait qu'au commencement de 1815
on écrivit confidentiellement aux receveurs-gé-
néraux pour les engager à employer en obligations l'excédant de leurs recouvrements et leurs
fonds particuliers. Cette mesure n'eut peut-être
pas tout le succès qu'on s'en était promis ; mais
n'en eut-elle aucun, c'est ce qui n'est guère vrai-
semblable, et alors on voit que les obligations
ont constamment cherché les écus, et ne sont pas
restées un seul instant en circulation. Preuve évidente qu'on ne peut pas plus surprendre le crédit
qu'on ne peut le forcer. Indépendant de toute
puissance, il n'obéit qu'à sa seule impulsion, et
ne s'égare jamais.

J'ajoute que si pendant les onze mois de son
administration, le Ministre en remboursant aux
créanciers de l'arriéré 158 millions formant la
moitié du fonds affecté à leur paiement, et le
sixième de leur créance, n'avait encore rien fait
pour le crédit public, comment pouvait-il se promettre plus de succès des 158 millions qu'il avait
encore en caisse? Comment ceux-ci auraient-ils

eu plus de puissance que les autres, lorsqu'ils devaient faire mouvoir une force cinq fois plus
considérable ? Cela est incompréhensible, et il me
paraît évident que ces derniers 158 millions n'auraient éteint, comme les premiers, qu'une créance
de 158 millions ; de sorte qu'en dernier résultat le
fonds de 3 à 400 millions affecté à l'arriéré, n'en
aurait acquitté qu'environ la moitié, et que par
conséquent il serait resté en circulation environ
400 millions d'obligations sans aucune affectation
de fonds, ou du moins sans autre affectation que
l'inscription en rentes consolidées, ce qui eût en-
traîné la ruine complète du prétendu système de
crédit.

Le collaborateur du Ministre, M. Bricogne,
qui a bien pressenti cette objection, a fait de
grands efforts pour la réfuter ; mais y a-t-il réussi ?

Il prétend que le paiement de 21 millions sur
les 36 millions d'obligations n'a pas agi seulement
sur les obligations, mais sur la masse totale de la
dette, composée de la dette exigible qui fut ramenée au pair, et des 5 pour 100 qui avaient été
élevés de 45 à 82 fr. « Ces 25 millions employés
» en paiement, dit M. Bricogne, n'eussent payé
» que 21 millions affectés au rachat de la dette.
» Ils créèrent un capital de 700 millions au profit
» des créanciers de l'Etat ; ils formèrent une aug-

» mentation égale dans la richesse de la société
» et dans la force de la matière imposable. Quel-
» ques mois de plus, et l'emploi de 30 à 40 mil-
» lions aurait suffi pour doubler ce profit en ra-
» menant les 5 pour 100 au pair (1). »

Toutes ces assertions me semblent aussi peu
fondées que les arguments qu'on en tire.

La hausse des fonds de 45 à 82 eut trois causes
bien distinctes.

La capitulation de Paris, la formation d'un
Gouvernement provisoire, agréable aux puissances alliées, élevèrent, le 4 avril, la rente à
57 fr.

La paix et la Charte la portèrent, dans le mois
de juin, à 67 fr.

Le budjet qui fit entrevoir l'espoir d'un meil-
leur avenir, la fit monter, en septembre, à 79 fr.

Le paiement des 21 millions sur les obligations,
qui ne fut effectué qu'en décembre, janvier et
février, n'eut donc que peu ou point de part à
la hausse de la rente, et ne contribua point à l'a-
mélioration de la fortune publique.

Et comment aurait-il pu y contribuer ?

Et comment a-t-on pu lui attribuer une si
grande puissance ? Ce paiement de 21 millions,

____

(1) *Ibid.* pag. 314.

tous les autres paiements faits antérieurement aux créanciers de l'arriéré, en un mot les 158 millions n'étaient pas un excédant des fonds ordinaires, un nouveau fonds versé dans la circulation, une addition à la masse du capital circulant; ils provenaient en presque totalité des fonds ordinaires, ils n'avaient fait que changer de destination et étaient arrivés dans la circulation par un canal différent de celui qui aurait dû les y porter. Ils ne pouvaient donc pas avoir un résultat différent de celui qu'ils auraient eu s'ils étaient arrivés dans la circulation par le paiement du service ordinaire. Voir dans ce virement de fonds un germe de crédit public me paraît aussi peu raisonnable que de prétendre qu'un seul et même paiement peut éteindre deux créances différentes, et satisfaire deux créanciers étrangers l'un à l'autre. C'est méconnoitre la nature du crédit.

Je ne suivrai pas M. Bricogne dans ses nombreuses hypothèses sur les brillants phénomènes qu'aurait produits la hausse de la rente à 85 $\frac{1}{2}$; toutes ces rêveries de l'imagination, si elles étaient avouées par son Ministre, ne donneraient pas de son caractère l'idée qu'il veut qu'on en prenne. Le crédit public ne se fonde pas sur des hypothèses, des vraisemblances et des possibilités. Il lui faut d'autres gages, d'autres garanties, d'autres certitudes, et toutes les combinaisons ne pourront jamais lui donner d'autre consistance que l'excédant de la richesse au-delà des besoins particuliers, ni d'autre instrument que l'emprunt volontaire, ni d'autre mobile que la certitude du recouvrement de ses avances. Mais partout où ces trois causes concourront, la création du crédit public me parait non-seulement possible, mais facile et assurée.

Peut-être faut-il quelque chose de plus dans un pays, où, comme en France, le crédit public a souffert tant d'outrages et a été exposé à de continuelles avanies. Peut-être ne réussira-t-on à le naturaliser dans un tel pays, à l'y faire fleurir et à lui donner une existence durable et prospère, qu'en le mettant sous la sauvegarde d'un grand corps de créanciers intéressés à sa conservation, et assez puissants pour le défendre des atteintes directes et indirectes qu'on voudrait lui porter. C'est sous de tels auspices que le crédit s'est élevé à Venise, à Gênes, en Angleterre, partout où il a joué un grand rôle, et c'est sur de tels exemples qu'il faut se conduire si l'on veut être assuré d'un succès complet.

Dans cette pensée il me semble qu'il serait utile

et convenable, sous tous les rapports, de diviser les créanciers de l'État en trois classes composées, l'une des créanciers de la dette inscrite, l'autre des créanciers de la dette exigible, et l'autre des créanciers de la dette viagère ; de les autoriser à se former en corps, à s'organiser et à se créer une administration pour la conservation de leurs intérêts communs ; de leur déléguer une portion du revenu public, ou des fonds suffisants pour les remplir de leurs créances suivant leur nature, et de laisser à leur administration le soin de recevoir directement des préposés du Trésor la portion du revenu qui leur serait affectée ; de disposer des fonds qui leur seraient transférés, de les administrer, et d'en répartir les produits entre tous les intéressés, dans les formes et suivant les règles déterminées par les règlements et statuts de chaque corps.

Par cette mesure les affaires de finances seraient simplifiées, les frais qu'elles occasionnent considérablement diminués, et l'économie publique ramenée à un ordre régulier et invariable.

D'un autre côté l'activité de l'intérêt personnel éveillerait la sollicitude de l'administration de chaque corps de créanciers, lui suggérerait les mesures les plus économiques et les plus favorables aux intérêts communs, et la conduirait aux résultats les plus utiles pour tous.

Ainsi l'on arriverait facilement à ce que commande la justice envers les créanciers de l'Etat, et à ce qui importe le plus à la formation d'un crédit public libre, proportionné à la richesse nationale. Double but que les gouvernements modernes, éclairés sur leurs véritables intérêts, doivent chercher et atteindre, s'ils veulent remplir leur glorieuse destination.

Le crédit public ne recevra pas de l'institution de la Caisse d'amortissement, quelle que soit la bonté de son organisation, autant de secours qu'on en attend. Comme toutes les facultés de cette institution se bornent à arrêter ou à prévenir la baisse des fonds publics, son influence est plus propre à affermir et à consolider le crédit public existant, qu'à le créer quand il n'existe pas. Il faut d'autres puissances, d'autres ressorts pour lui donner le mouvement, l'être, la vie, et si je ne m'abuse point, on n'y réussira que par l'adoption des mesures que j'ai indiquées. Ma confiance est d'autant mieux fondée, que, comme on l'a vu, elle repose sur l'expérience de tous les peuples chez lesquels le crédit public a été le plus en honneur.

Ces mesures ne seront pas d'abord aussi efficaces que l'exigerait le besoin des circonstances ; mais elles seront d'un grand avantage au moment où l'État aura le plus souffert des premiers paiemens faits à l'étranger. N'imitons pas ces lutteurs imprudents, qui ne songent à parer le coup qui les menace qu'après qu'ils l'ont reçu. Il y a encore des ressources pour le moment actuel ; mais c'est leur épuisement qu'il faut craindre et prévenir.

Qu'on ne s'étonne pas de mes craintes sur la difficulté de lever pendant cinq ans, sur la France, un impôt extraordinaire de 2 à 300 millions annuellement, dont l'étranger recevra seul le produit, et ce qui est bien à craindre, dont il ne restituera aucune portion à l'agriculture, à l'industrie et au commerce de la France ! Qu'on ne se dise pas que l'Angleterre a pendant trois ans levé sur ses peuples environ 6 milliards de francs, et en a versé au moins la moitié sur le Continent, sans en être épuisée, sans même avoir donné le moindre signe de souffrance, et que la France, fût-elle moins riche, pourra bien, sans de grands efforts, réaliser environ un milliard en cinq ans ! La différence de la situation économique des deux peuples ne permet pas de les comparer entre eux, et de conclure de l'un à l'autre. Il suffit que la richesse de l'Angleterre soit commerciale, et celle de la France agricole, pour qu'on ne puisse pas en tirer le même parti, ni s'en promettre les mêmes résultats. Un exemple va rendre cette vérité sensible.

Supposons que deux particuliers, propriétaires d'un fond de 100,000 fr. chacun, mais consistant, l'un en fonds terre, et l'autre en valeurs commerciales, eussent à payer à l'étranger une somme de 25,000 fr., combien leur condition serait différente!

Le propriétaire de terres aurait de la peine à se procurer les 25,000 fr. nécessaires à sa libération; il serait forcé d'aliéner ou d'hypothéquer sa propriété, et l'une ou l'autre opération pourrait la diminuer bien au-delà des 25,000 francs qu'il voudrait en détacher. N'y a-t-il pas même une foule de circonstances où un propriétaire de terres valant 100,000 fr., ne pourrait pas en trouver les 25,000 fr. dont il aurait besoin? Mais ne poussons pas plus loin nos hypothèses.

Ce qu'il y a de certain, c'est que le propriétaire de valeurs commerciales n'aurait à redouter aucun des risques que courrait le propriétaire de terres; il se libérerait sans avoir besoin de qui que ce soit, sans que son fonds parût avoir diminué, sans que son crédit en eût souffert, en

un mot sans avoir éprouvé la moindre altéra-
tion dans sa fortune et dans ses ressources.

Combien cette comparaison, dont les résultats
sont sensibles et évidents, ne répand-elle pas
de lumières sur les effets relatifs du système
agricole et du système commercial! Combien
il importe de ne pas se laisser abuser plus long-
tems par les illusions des controverses qu'ils ont
occasionnées; et qu'il est à souhaiter que le
Gouvernement français, se garantissant des
fausses doctrines trop long-tems en honneur
parmi nous, reporte le peuple français dans la
carrière de l'industrie, du commerce et des colonies, qu'il parcourait avec tant de succès au
moment de nos désastres politiques; qu'il se
souvienne que dans la calamiteuse année de
de 1709, 30 millions de valeurs importés par
les vaisseaux qui faisaient le commerce de la
mer du Sud, furent le levier puissant qui releva
la fortune publique de l'abîme profond où elle
semblait engloutie pour toujours. Nos maux
sont moins grands, sans doute, mais il convient
de ne pas perdre de vue les ressources que les
denrées coloniales de Saint-Domingue peuvent
offrir au moment de l'épuisement des richesses
nationales, épuisement inévitable par le verse-

ment à l'étranger de près de 3oo millions annuellement pendant cinq ans.

Ainsi, r'ouvrir les sources du commerce avec l'étranger par notre réintégration dans la colonie de Saint-Domingue, ressusciter le crédit public par le secours des banques et des compagnies de finances, pourvoir aux besoins extraordinaires par une taxe extraordinaire sur le revenu, et s'assurer de l'intégralité du recouvrement des contributions fixes par des banques de secours, telles sont les mesures qui me semblent propres à nous tirer de la situation difficile dans laquelle nous sommes placés. Ces mesures doivent inspirer d'autant plus de confiance, qu'elles sont conformes aux doctrines les plus généralement adoptées par tous les écrivains, et confirmées par l'expérience de tous les peuples. Il m'est donc permis de croire à leurs succès.

TABLEAU ET PROJETS

Annoncés dans les Considérations générales sur la situation financière de la France en 1816.

N°. Ier.

Tableau comparatif du système des contributions publiques de la France et de l'Angleterre.

ANGLETERRE.			FRANCE.
l. st. 7,073,530 10sh. 8 ¼d.	fr. 169,764,732	Contributions directes	330,000,000
6,110,649 »	» 146,655,576	— Sur les capitaux, y compris les loteries.	130,000,000
24,169,715 »	» 580,073,160	—Sur les consommat. y compr. le sel et le tabac.	100,000,000
10,193,172 »	» 244,636,128	—Sur les douanes...	30,000,000
1,277,538 »	» 30,660,912	Postes............	10,000,000
48,824,604 l. st.	1,171,790,508		600,000,000
9,864,189 taxe du revenu.	236,740,536		
410,151 autres ressour.	9,840,924		
	1,418,371,968		

Nota. Je dois prévenir que dans ce tableau je n'ai pas prétendu à la précision, mais à un simple aperçu comparatif du système des contributions des deux peuples.

N°. II.

Projet d'une Taxe sur le Revenu.

Art. 1er.

Tous les revenus, de quelque source qu'ils proviennent, soit de la rente de la terre, soit des capitaux placés dans l'agriculture, l'industrie et le commerce, soit des professions, arts et métiers, seront imposés à une contribution calculée sur les proportions ci-après déterminées.

2. La taxe sur le revenu de 100,000 fr. et au-dessus, sera du tiers dudit revenu (1).

Observations.

La population qui vit du produit net ou du revenu proprement dit, est d'environ 7,000,000.

Ces individus, à raison de cinq par famille, forment environ ....1,400,000 familles.

De ces familles, celles dont le revenu est inférieur à 1,000 fr. doivent être exemptes de la taxe.

Leur nombre peut être évalué à environ 1,200,000 familles, ci............... 1,200,000 familles.

Les familles contribuables ne seraient donc que d'environ 200,000

Total.................. 1,400,000 familles.

---

(1) En supposant qu'il n'y ait par département que dix à onze familles ayant 100,000 francs de rente, cette classe, composée

De 100 à 50,000 fr. la taxe sera du quart du revenu (2).

De 50 à 25,000 fr. la taxe sera d'un cinquième du revenu (3).

De 25 à 10,000 fr. la taxe sera du sixième (4).

De 10 à 5,000 fr., la taxe sera du septième (5).

De 5 à 1,000 fr. la taxe sera du huitième (6).

---

d'environ 1000 familles, posséderait 100 millions de rente et contribuerait pour............ 33 millions.

(2) J'évalue cette classe à 3000 familles, à raison de 34 par département. Elle possède environ 200 millions de rente, et par conséquent contribuerait pour.............................. 50

(3) La 3ᵉ. classe composée d'environ 5000 familles, à raison de 57 par département, absorberait un revenu de 200 millions, et contribuerait pour.. 40

(4) Cette classe peut être évaluée à environ 20,000 familles, à raison de 232 par département. Leur part dans le revenu est au moins de 300 millions, et par conséquent leur contribution serait de 51

(5) Cette classe comprend environ 50,000 familles, à raison de 580 par département. Elle prend dans le revenu 300 millions, et par conséquent sa taxe produirait 42

(6) Cette Classe comprend environ 100,000 familles, à raison de 1200 par département. Leur part dans le revenu n'est pas au-dessous de 300 millions, et par conséquent leur taxe produirait... 36

255 millions

3. La direction des contributions enverra au maire de chaque commune un rôle divisé en trois classes, l'une pour la taxe du revenu provenant de la rente de la terre, l'autre pour la taxe du revenu des capitaux employés dans l'agriculture, l'industrie et le commerce, et la troisième pour la taxe du revenu des professions, arts et métiers.

4. Aussitôt après la réception du rôle, tout chef de famille domicilié dans la commune sera appelé par le maire ou son adjoint, pour faire la déclaration de son revenu provenant d'une des trois sources ci-dessus désignées. Il la signera s'il sait signer, et dans le cas où il ne saurait ou ne voudrait signer, le maire ou l'adjoint le déclarera, et, dans ce cas, il sera tenu de lui donner un bulletin énonciatif de sa déclaration.

5. En cas de non-comparution, le maire ou l'adjoint le taxera provisoirement au taux des contribuables les plus imposés de la commune, et il ne pourra être admis à faire rectifier sa taxe qu'en payant une amende du quart de sa contribution.

6. En cas de fausse déclaration, ou de non-déclaration dans l'intention de réduire sa taxe, celui qui en sera convaincu sera puni d'une amende décuple de sa contribution, dont un tiers appartiendra au dénonciateur, un tiers aux commissaires vérificateurs, et un tiers à la Banque de France, le tout ainsi qu'il sera dit ci-après.

7. Le préfet nommera des commissaires qui se

transporteront dans chaque commune pour y faire la vérification des déclarations, prendre tous les renseignemens, recevoir toutes les révélations et recueillir tous les documens qui pourront les éclairer dans leurs opérations, à l'effet de quoi la régie de l'enregistrement, les dépôts publics leur seront ouverts pour y faire toutes les recherches nécessaires.

8. Dans le cas où les commissaires reconnaîtraient la fausseté d'une déclaration, ils manderont devant eux le déclarant ; en cas d'aveu de sa part, sa déclaration sera rectifiée, et l'amende qu'il avait encourue sera réduite à moitié ; dans le cas où il persisterait à en soutenir l'exactitude, les commissaires le citeront devant le conseil de préfecture qui statuera.

9. Le rôle des déclarations arrêté et signé par le maire et les commissaires sera remis à la direction des contributions qui en fera faire un duplicata, le fera viser et rendre exécutoire par le préfet, et le renverra au percepteur des contributions directes pour en faire le recouvrement dans les formes établies pour ces sortes de contributions.

10. La taxe sur le revenu sera payable par douzième de mois en mois ; néanmoins elle ne sera exigible, et le recouvrement ne pourra en être poursuivi que dans les mois de mai et de juin, de décembre et de janvier. Au premier février, la totalité du recouvrement devra être effectuée, sous

peine par les percepteurs d'en être réputés débiteurs et poursuivis en leur propre et privé nom.

11. Les contribuables qui profiteront du délai qui leur est accordé seront tenus de payer demi pour cent par mois en sus de la contribution qu'ils auront été en retard de payer.

Nᵒ. III.

Projet d'une Banque de Secours.

ARTICLE 1ᵉʳ.

Il sera formé dans chaque chef-lieu de département une Banque de secours dont le fond sera égal au quart de la taxe du revenu et des contributions directes.

Ce fonds sera fait par des actions de 1000 fr., lesquelles pourront être subdivisées par demie et par quart d'action.

2. Tous les fonctionnaires et employés de chaque département seront tenus de prendre des actions de la Banque de secours jusqu'à concurrence du cinquième de leur cautionnement actuel.

3. Les actions seront au porteur et insaisissables.

4. Le versement sera fait par douzième de mois en mois et par avance. A défaut de réalisation de chaque paiement le contribuable perdra les paiements qu'il aura effectués, et ses paiements tourneront au profit de la Banque.

5. Outre le demi pour cent auquel sont assujétis les contribuables qui ne paieront pas leur taxe par douzième, lequel demi pour cent appartiendra à la Banque qui paiera en leur lieu et place, il sera alloué à la Banque un tiers des amendes encourues par les contribuables pour non déclarations ou pour fausses déclarations, et un pour cent pour les frais de gestion et administration.

6. Il sera statué par des réglements sur la formation, l'administration et la gestion des Banques, et sur leurs relations, soit avec les agents du Trésor, soit entre elles avec le Trésor.